RICCHEZZA E SERENITÀ

La Via per un
Benessere Completo

SOMMARIO

Introduzione

Presentazione del libro: Introduzione ai temi della ricchezza e del benessere mentale.

Obiettivi: Offrire strategie pratiche e filosofiche per migliorare la propria vita economica e mentale.

Riflessione personale: Condivisione di esperienze personali che hanno portato alla scrittura di questo libro.

Capitolo 1: Definire la Ricchezza

Concetti di ricchezza: Diversi modi di vedere la ricchezza (finanziaria, emotiva, relazionale).

Ricchezza vs. reddito: Differenze fondamentali tra avere un alto reddito e accumulare ricchezza.

Esercizi di auto-riflessione: Scrivere una lista di ciò che si considera veramente ricco nella propria vita.

Capitolo 2: Mentalità di Crescita

Cos'è una mentalità di crescita?: Importanza di credere nel miglioramento personale.

Esercizi pratici: Tecniche per sviluppare una mentalità orientata alla crescita.

Affrontare le paure: Tecniche per superare la paura del fallimento e dei rischi, come la visualizzazione e la desensibilizzazione.

Capitolo 3: Gestione Finanziaria

Budgeting e risparmio: Creazione di un piano finanziario personale.

Investimenti: Introduzione a vari strumenti di investimento e come iniziare.Prevenzione dell'indebitamento: Strategie per evitare di accumulare debiti, come la regola del 50/30/20.

Capitolo 4: L'Importanza dell'Intelligenza Emotiva

Cos'è l'intelligenza emotiva?: Ruolo delle emozioni nella vita finanziaria.

Esercizi di intelligenza emotiva: Tecniche per migliorare la propria consapevolezza e gestione delle emozioni.

Gestire lo stress: Pratiche per affrontare lo stress economico e personale, come la respirazione profonda e il journaling.

Capitolo 5: Costruire Abitudini Sane

Routine quotidiane: L'importanza delle abitudini nella costruzione della ricchezza e del benessere mentale.

Esempi di abitudini di successo: Abitudini di persone che hanno raggiunto il successo finanziario e personale.

Esercizi pratici: Creare un piano di azione settimanale per implementare nuove abitudini.

Capitolo 6: Networking e Relazioni

Costruire relazioni significative: L'importanza del networking nella creazione di opportunità.

Tecniche di networking: Come costruire e mantenere relazioni fruttuose.

Mentorship: Trovare un mentore e come offrire supporto agli altri.

Capitolo 7: Mindfulness e Benessere Mentale

Pratiche di mindfulness: Tecniche per migliorare la salute mentale e la concentrazione.

Benefici della meditazione: Come la meditazione può influenzare positivamente la vita economica.

Gestione del tempo: Tecniche di time management per ridurre lo stress e aumentare la produttività.

Capitolo 8: Superare le Avversità

Resilienza finanziaria: Come affrontare e superare crisi economiche personali.

Strategie di coping: Tecniche per gestire le avversità, come la creazione di un piano di emergenza finanziaria.

Storie di successo: Esempi di persone che hanno superato sfide significative.

Capitolo 9: Filosofia della Ricchezza e della Serenità

Importanza della gratitudine: Come la pratica della gratitudine possa cambiare la nostra percezione della ricchezza.

Semplicità volontaria: Vivere in modo più semplice per ridurre lo stress e aumentare la felicità.

Collegamento tra ricchezza e felicità: Come la vera ricchezza non si misura solo in termini monetari, ma anche in termini di esperienze e relazioni.

Capitolo 10: Riflessioni Finali e Prospettive Future

Integrazione della ricchezza e del benessere mentale: Riflessioni su come un approccio olistico porti a una vita più soddisfacente.

Conclusione

Educazione Continua:

Investire nel proprio apprendimento, che sia attraverso letture, corsi online, o mentorship. La conoscenza è uno strumento potente per ridurre il rischio di fallimento.

Pratiche di Benessere Mentale:

Incorporare esercizi di meditazione, yoga o semplici momenti di riflessione quotidiana per migliorare il benessere mentale e ridurre l'ansia.

Introduzione

In un mondo in continua evoluzione, dove le sfide finanziarie e il benessere mentale sembrano spesso in conflitto, è essenziale trovare un equilibrio che consenta di vivere una vita soddisfacente e realizzata. Questo libro, "Ricchezza e Serenità: La Via per un Benessere Completo," è pensato per coloro che desiderano esplorare la sinergia tra la prosperità economica e la salute mentale, fornendo strumenti e strategie pratiche per raggiungere entrambi gli obiettivi.

Importanza della Ricchezza e della Serenità

La ricchezza non si limita solo ai beni materiali; è una condizione che comprende la soddisfazione personale, le relazioni significative e un senso di realizzazione. In questo contesto, la serenità gioca un ruolo cruciale. Uno stato mentale equilibrato non solo ci consente di affrontare le sfide della vita con maggiore resilienza, ma facilita anche decisioni finanziarie più sagge e informate. Attraverso questo libro, esploreremo come sviluppare una mentalità di crescita e una gestione efficace delle finanze personali, elementi che contribuiranno a costruire un futuro luminoso e sostenibile.

Obiettivi del Libro

L'obiettivo principale di questo libro è fornire ai lettori una guida pratica e accessibile per migliorare la propria situazione finanziaria e il proprio benessere mentale. Attraverso capitoli dedicati alla gestione del denaro, alla costruzione di abitudini positive e all'importanza dell'intelligenza emotiva, ogni lettore avrà l'opportunità di apprendere non solo le tecniche per accumulare ricchezza, ma anche come mantenere uno stato mentale sano e sereno.

Riflessione Personale

Scrivere questo libro è stato un viaggio profondo e personale. Ho vissuto esperienze che mi hanno insegnato l'importanza di una visione equilibrata della vita, dove il successo finanziario non deve compromettere il benessere interiore. Ogni capitolo è il risultato di riflessioni e scoperte, e spero che le mie esperienze possano ispirare altri a intraprendere un cammino simile verso la ricchezza e la serenità.

Iniziamo questo viaggio insieme, alla scoperta di come creare una vita che celebri tanto la prosperità materiale quanto quella spirituale, perché la vera ricchezza risiede nel saper vivere pienamente ogni aspetto della nostra esistenza.

CAPITOLO 1: LE BASI DELLA RICCHEZZA E DEL BENESSERE MENTALE

Il viaggio verso la ricchezza e il benessere mentale inizia dalla comprensione delle basi su cui si costruiscono entrambi questi aspetti della vita. A differenza della visione tradizionale che vede la ricchezza solo in termini economici, questo capitolo esplora una definizione più ampia, in cui il benessere mentale è strettamente legato alla prosperità finanziaria. È fondamentale capire come queste due dimensioni possano e debbano coesistere per garantire una vita piena e soddisfacente.

Che Cos'è la Ricchezza?

Prima di addentrarci nei metodi per costruire la ricchezza, è cruciale stabilire una chiara definizione di cosa si intenda per "ricchezza". Molti associano la ricchezza al denaro e ai beni materiali, ma in realtà essa è molto più complessa. La vera ricchezza comprende anche la libertà di tempo, la sicurezza emotiva e la capacità di scegliere come vivere la propria vita. Avere un reddito alto o molti beni non garantisce automaticamente la felicità o la serenità, soprattutto se questi elementi sono ottenuti a scapito della salute mentale o delle relazioni.

In questo libro, definiamo la ricchezza in modo olistico. Oltre ai guadagni finanziari, la ricchezza include:

Libertà di tempo: La capacità di scegliere come utilizzare il proprio tempo.

Sicurezza finanziaria: Sapere di poter affrontare imprevisti senza preoccupazioni eccessive.

Relazioni significative: Una rete di sostegno composta da familiari, amici e colleghi.

Pace interiore: La serenità mentale e la consapevolezza di essere in controllo della propria vita.

L'Importanza della Mentalità

Un passo essenziale per costruire la ricchezza è sviluppare una "mentalità di crescita" (growth mindset). Questa mentalità, resa famosa dalla psicologa Carol Dweck, implica la convinzione che le proprie capacità e competenze possano migliorare con l'impegno e l'apprendimento continuo. Al contrario, una mentalità fissa crede che il talento e le capacità siano immutabili, limitando così le possibilità di miglioramento e successo.

Per costruire una mentalità di crescita, è importante:

Accettare gli errori come parte del processo di apprendimento. Ogni fallimento è un'opportunità per migliorare.

Investire nell'educazione continua. Imparare nuove abilità, sia finanziarie che personali, aumenta il valore personale e le opportunità di successo.

Coltivare la resilienza. La capacità di rialzarsi dopo una battuta d'arresto è essenziale per raggiungere gli obiettivi finanziari e mantenere la serenità mentale.

Abitudini Finanziarie: Le Fondamenta della Sicurezza Economica

Il passo successivo nella costruzione della ricchezza è la creazione di solide abitudini finanziarie. Le persone finanziariamente sicure hanno una cosa in comune: gestiscono il denaro con disciplina. Qui esploreremo alcune delle abitudini essenziali che ogni persona deve sviluppare per raggiungere la sicurezza economica.

Gestione del Budget: La gestione del denaro inizia con un piano. Creare e rispettare un budget è il modo più efficace per controllare le proprie finanze. Questo consente di monitorare le entrate e le uscite, identificare le aree di spreco e risparmiare per obiettivi futuri.

Risparmio: Risparmiare una parte del proprio reddito è una delle chiavi per la sicurezza economica. Il risparmio non deve essere visto come una privazione, ma come un modo per assicurarsi opportunità future. Idealmente, si dovrebbe mettere da parte almeno il 20% del reddito mensile.

Investire con Intelligenza: Investire permette al denaro di lavorare per te. Le opzioni d'investimento possono variare, dalle azioni ai fondi comuni, ma ciò che conta è comprendere i rischi e avere una strategia a lungo termine.

Evitare il Debito Non Necessario: L'indebitamento può limitare gravemente la libertà finanziaria. È importante evitare di accumulare debiti che non siano strategici, come i mutui per l'acquisto di beni a lungo termine, ed eliminare rapidamente debiti legati ai consumi, come le carte di credito.

Il Benessere Mentale: Come Coltivare la Serenità Interiore

Accumulare ricchezza è inutile se non accompagnato da uno stato mentale sano. Lo stress finanziario può causare gravi problemi di salute mentale, portando a livelli elevati di ansia e preoccupazione. Coltivare la serenità interiore è essenziale per mantenere un equilibrio tra successo economico e benessere personale.

Per mantenere il benessere mentale, è importante:

Praticare la mindfulness: La consapevolezza del presente riduce lo stress e aumenta la capacità di prendere decisioni finanziarie informate.

Gestire lo stress: Imparare a rilassarsi attraverso tecniche di meditazione, respirazione o esercizio fisico è fondamentale per evitare il burnout.

Stabilire confini sani tra lavoro e vita personale: È importante mantenere un equilibrio tra la vita lavorativa e quella personale per evitare che la ricerca della ricchezza comprometta la felicità e la salute.

Conclusioni del Capitolo

In questo primo capitolo, abbiamo gettato le basi per comprendere come la ricchezza e il benessere mentale siano strettamente collegati. Costruire la ricchezza non significa solo accumulare denaro, ma anche assicurarsi la libertà di tempo, sicurezza finanziaria e serenità interiore. Mentre approfondiamo le strategie pratiche nei prossimi capitoli, ricorda che il percorso verso la ricchezza non è solo una questione di tecniche finanziarie, ma di mentalità e benessere olistico.

CAPITOLO 2: LA MENTALITÀ DEL SUCCESSO ECONOMICO E PERSONALE

Il secondo capitolo di questo libro si concentra su uno degli elementi più importanti per la costruzione della ricchezza e del benessere: la mentalità del successo. A differenza di ciò che molti potrebbero pensare, la prosperità non dipende solo dalle circostanze esterne, dalle opportunità economiche o dalle condizioni del mercato, ma in gran parte dal nostro atteggiamento mentale e dalla capacità di affrontare le sfide. In questo capitolo esploreremo il concetto di mentalità di crescita e vedremo come applicarla sia nel campo finanziario che nella vita personale.

Cos'è la Mentalità di Crescita?

Il termine "mentalità di crescita" è stato reso celebre dalla psicologa Carol Dweck e si riferisce alla convinzione che le proprie capacità e competenze non siano fisse, ma possano essere sviluppate e migliorate con impegno, apprendimento continuo e perseveranza. Al contrario, chi possiede una mentalità fissa crede che il talento e l'intelligenza siano qualità innate e immutabili, e quindi tende a evitare le sfide per paura del fallimento.

Nel contesto della ricchezza, avere una mentalità di crescita significa vedere i problemi finanziari come opportunità per apprendere e migliorare. Invece di scoraggiarsi di fronte alle difficoltà economiche o ai fallimenti imprenditoriali, si impara dai propri errori e si trova un modo per migliorare le proprie competenze e strategie.

Come Sviluppare una Mentalità di Crescita

Per costruire una mentalità di crescita, è necessario:

Accettare il fallimento come parte del processo di apprendimento: Ogni errore ci offre una lezione preziosa. I fallimenti non sono la fine del percorso, ma delle tappe lungo la strada verso il successo.

Impegnarsi nell'apprendimento continuo: La ricchezza si costruisce sviluppando continuamente nuove competenze e aggiornando quelle già acquisite. Sia nel campo finanziario, con la comprensione di investimenti e risparmi, sia nella vita personale, con la gestione delle relazioni e dello stress, l'apprendimento è una chiave fondamentale.

Coltivare la resilienza: La resilienza è la capacità di riprendersi dalle avversità. In ambito finanziario, è indispensabile per non arrendersi di fronte alle difficoltà economiche o a imprevisti che possono mettere in crisi la stabilità economica.

Impostare obiettivi chiari e misurabili: Per crescere, è necessario avere degli obiettivi precisi, che possono essere sia di tipo economico (come risparmiare una certa somma entro un determinato periodo), sia personale (come migliorare il proprio stato di benessere mentale attraverso pratiche di meditazione o esercizi fisici).

L'Intelligenza Emotiva come Strumento per la Crescita

Un altro aspetto cruciale della mentalità di successo è lo sviluppo di una intelligenza emotiva (IE). L'intelligenza emotiva è la capacità di riconoscere, comprendere e gestire le proprie emozioni e quelle degli altri. Questo aspetto è essenziale, poiché la gestione delle emozioni influenza direttamente la capacità di prendere decisioni finanziarie efficaci e di mantenere relazioni sane e produttive.

Le persone con una alta intelligenza emotiva sono:

Più in grado di gestire lo stress, evitando decisioni impulsive o emotivamente cariche che potrebbero portare a scelte economiche sbagliate.

Più consapevoli del loro comportamento e dell'impatto che hanno sugli altri, il che è fondamentale per mantenere buone relazioni con soci, clienti o colleghi.

Capaci di comunicare in modo efficace e risolvere conflitti, due abilità preziose nel mondo del business e nella vita quotidiana.

L'intelligenza emotiva si può coltivare attraverso:

La consapevolezza di sé: Essere in sintonia con le proprie emozioni e capire come influenzano il proprio comportamento.

La gestione delle emozioni: Imparare a controllare le reazioni emotive, soprattutto nei momenti di stress finanziario o decisionale.

L'empatia: Comprendere e connettersi con le emozioni degli altri, sia nella vita privata che professionale.

Strategia per Applicare la Mentalità di Crescita alla Vita Finanziaria

Una volta compreso il concetto di mentalità di crescita e intelligenza emotiva, è importante sapere come applicarli nella costruzione della propria ricchezza. Ecco alcune strategie pratiche:

Crea una rete di sostegno: Circondati di persone che condividono la tua visione e che possano incoraggiarti a crescere e migliorare. La rete di supporto è cruciale per affrontare le sfide economiche con più fiducia.

Sii paziente con te stesso: La crescita economica e personale richiede tempo. Non aspettarti risultati immediati. Lavora con costanza e con una prospettiva a lungo termine.

Rivedi i tuoi obiettivi regolarmente: Mantieni la flessibilità nei tuoi piani finanziari e personali. Non tutte le strategie funzionano subito, quindi è importante rivedere periodicamente i propri obiettivi e adattarsi alle circostanze.

Investi nel tuo apprendimento finanziario: Impara continuamente sui mercati, sugli investimenti e su come funziona il denaro. Le decisioni finanziarie informate riducono i rischi e aumentano le possibilità di successo a lungo termine.

Conclusioni del Capitolo

In questo secondo capitolo, abbiamo esplorato come la mentalità di crescita e l'intelligenza emotiva siano due componenti essenziali per il successo economico e personale. Mentre i soldi possono essere persi o guadagnati, la capacità di crescere e migliorare, soprattutto nei momenti di difficoltà, è ciò che distingue coloro che riescono a costruire una ricchezza duratura e un benessere mentale stabile. Nei prossimi capitoli vedremo come queste qualità possano essere applicate in strategie concrete per il miglioramento finanziario e personale.

CAPITOLO 3: PIANIFICAZIONE E STRATEGIE PER IL SUCCESSO FINANZIARIO

Nel terzo capitolo, approfondiamo la fase pratica della costruzione della ricchezza: la pianificazione e le strategie concrete che possono essere adottate per raggiungere una stabilità economica duratura. Dopo aver esplorato l'importanza della mentalità di crescita e dell'intelligenza emotiva, è il momento di passare a metodi specifici per gestire, risparmiare e investire denaro con saggezza.

1. L'Importanza della Pianificazione Finanziaria

La pianificazione è la base su cui si costruisce ogni percorso verso la ricchezza. Senza un piano chiaro, si rischia di navigare nel mondo finanziario senza una direzione definita, finendo per prendere decisioni impulsive o poco informate.

Una buona pianificazione finanziaria include:

Obiettivi finanziari a breve e lungo termine: È fondamentale definire chiaramente cosa si vuole ottenere finanziariamente, sia a breve (come risparmiare per un viaggio o estinguere un debito) che a lungo termine (come acquistare una casa o accumulare un fondo pensionistico).

Budget mensile: Stabilire un budget è essenziale per tenere sotto controllo le spese e ottimizzare i risparmi. Un budget ben strutturato aiuta a individuare le aree di spreco e a destinare più fondi agli investimenti o al risparmio.

Emergenze: Creare un fondo per le emergenze dovrebbe essere una priorità assoluta. Gli imprevisti sono inevitabili e senza risparmi dedicati si rischia di dover ricorrereprestiti o di compromettere altri obiettivi finanziari.

2. La Gestione Intelligente delle Spese

Uno degli errori più comuni che impedisce la costruzione della ricchezza è il controllo inefficace delle spese. Ecco alcune strategie per migliorare la gestione delle spese quotidiane:

Distinguere tra necessità e desideri: Una parte fondamentale della gestione delle spese è saper separare ciò che è essenziale da ciò che è superfluo. Avere la disciplina di limitare le spese ai beni essenziali è un passo chiave per accumulare risparmi.

L'importanza della frugalità consapevole: Essere frugali non significa vivere una vita di privazioni, ma piuttosto saper spendere in modo consapevole e ponderato. È possibile godere di uno stile di vita confortevole riducendo le spese inutili o facendo scelte più economiche e sostenibili.

Automatizzare i risparmi: Impostare un sistema per automatizzare i risparmi, come trasferimenti automatici mensili dal conto corrente a un conto risparmio, aiuta a garantire che una parte del reddito venga destinata ai risparmi senza tentazioni di spesa.

3. Risparmio ed Effetto Compounding

Risparmiare è solo la prima parte dell'equazione. Uno dei concetti più potenti per costruire la ricchezza è l'effetto compounding (interesse composto). Questo principio si basa sull'idea che i soldi guadagnati sui tuoi investimenti iniziali, nel tempo, guadagnano ulteriormente interessi.

Per capitalizzare su questo:

Iniziare presto: Anche piccoli importi risparmiati e investiti regolarmente possono crescere significativamente grazie all'effetto compounding. Quanto prima si comincia, tanto maggiore sarà l'effetto nel lungo termine.

Diversificare gli investimenti: Diversificare il portafoglio di investimenti è essenziale per ridurre il rischio e massimizzare le opportunità di crescita. Investimenti in azioni, obbligazioni, fondi indicizzati e immobili possono rappresentare scelte diverse ma complementari.

Investire con saggezza: Non tutti gli investimenti sono uguali. È importante scegliere strumenti finanziari che corrispondano al proprio profilo di rischio e agli obiettivi a lungo termine.

4. I Pilastri del Successo Finanziario: Entrate Multiple

Un altro punto cardine per costruire la ricchezza e proteggersi dalle crisi è creare entrate multiple. Non dipendere da una sola fonte di reddito è fondamentale per la stabilità economica. Alcune strategie comuni includono:

Investimenti passivi: Fonti di reddito come dividendi azionari, affitti immobiliari o fondi d'investimento generano guadagni senza richiedere un impegno costante di tempo o sforzi.

Secondi lavori o attività parallele: Molte persone, oltre al lavoro principale, creano piccole imprese o attività freelance che generano ulteriori fonti di reddito. Il mondo digitale offre infinite opportunità in questo ambito, come e-commerce, consulenza online e creazione di contenuti.

Investire in formazione e migliorare le competenze: L'apprendimento continuo e il miglioramento delle competenze aumentano il proprio valore sul mercato del lavoro e aprono la porta a opportunità di guadagno più elevate.

5. Errori da Evitare

Per raggiungere il successo finanziario, è anche importante essere consapevoli dei principali errori da evitare:

Indebitarsi eccessivamente: I debiti ad alto interesse, come quelli delle carte di credito, possono compromettere gravemente i piani finanziari. È importante ridurre o eliminare il più possibile il debito non necessario.

Investire senza conoscenza: Affidarsi a investimenti troppo rischiosi senza una comprensione adeguata può portare a perdite significative. È sempre meglio investire in modo informato e prudente.

Non pianificare per la pensione: Anche se sembra lontano, pianificare per la pensione sin da giovani è fondamentale per garantire la sicurezza economica in futuro.

6. Pianificare per il Futuro: La Libertà Finanziaria

Infine, il vero obiettivo di una pianificazione finanziaria efficace è raggiungere la libertà finanziaria, ovvero il punto in cui si ha abbastanza denaro da non dover più lavorare per vivere. Questo obiettivo si ottiene combinando una buona gestione delle spese, risparmi regolari, investimenti saggi e una pianificazione oculata.

Conclusione del Capitolo

Il successo finanziario richiede disciplina, pianificazione e una mentalità orientata alla crescita e all'apprendimento continuo. Avere un piano ben strutturato per gestire le entrate, risparmiare e investire è essenziale per costruire la ricchezza a lungo termine e garantire un futuro stabile e sereno. Nei capitoli successivi, ci concentreremo su strategie più dettagliate per investire saggiamente e creare fonti di reddito passive durature.

CAPITOLO 4: INVESTIRE PER IL FUTURO: STRATEGIE PER CREARE RICCHEZZA A LUNGO TERMINE

In questo capitolo, esploreremo il potenziale degli investimenti come strumento principale per costruire ricchezza nel tempo. Dopo aver impostato solide basi di risparmio e gestione finanziaria, investire diventa la naturale progressione per moltiplicare i propri capitali e puntare alla libertà finanziaria. A differenza del risparmio, che si basa semplicemente sull'accantonare denaro, l'investimento offre la possibilità di far crescere il capitale in maniera esponenziale. Tuttavia, è fondamentale approcciarsi a questo mondo con strategia e prudenza, dato che ogni investimento comporta dei rischi.

1. Perché Investire è Fondamentale

Molte persone temono il rischio e preferiscono accumulare

denaro in un conto risparmio. Tuttavia, la realtà è che tenere i soldi "fermi" non protegge il capitale dall'inflazione, che erode il potere d'acquisto nel tempo. Investire è l'unico modo per battere l'inflazione e costruire una vera ricchezza.

Crescita esponenziale: Grazie al meccanismo dell'interesse composto, i soldi investiti possono crescere significativamente nel tempo. Anche piccoli investimenti fatti in maniera costante possono portare a grandi risultati.

Diversificazione delle entrate: Investire in diverse classi di attività (azioni, obbligazioni, immobili, ecc.) può creare flussi di reddito diversificati che proteggono dai rischi legati a una singola fonte di guadagno.

2. Tipologie di Investimenti

Esistono diverse modalità per investire, ciascuna con vantaggi, svantaggi e livelli di rischio differenti. È importante conoscere le principali categorie di investimento per scegliere quelle più adatte ai propri obiettivi e al proprio profilo di rischio.

a) Investimenti Azionari

L'investimento azionario offre uno dei potenziali di crescita più elevati, ma è anche uno dei più volatili. Acquistare azioni significa diventare proprietari di una piccola parte di un'azienda, beneficiando dei suoi successi, ma anche delle sue difficoltà.

Vantaggi: Potenziale di rendimento elevato a lungo termine, particolarmente in mercati in crescita.

Svantaggi: Volatilità a breve termine. È necessario avere una buona tolleranza al rischio per resistere ai movimenti di mercato.

b) Obbligazioni

Le obbligazioni sono prestiti che si fanno a governi o aziende in cambio di un tasso d'interesse. Generalmente, le obbligazioni sono considerate più sicure rispetto alle azioni, ma offrono rendimenti inferiori.

Vantaggi: Stabilità e sicurezza (soprattutto con obbligazioni governative).

Svantaggi: Rendimento potenziale inferiore rispetto alle azioni, e il rischio che l'inflazione eroda il valore del capitale.

c) Investimenti Immobiliari

Gli investimenti immobiliari rappresentano un'opportunità sia di guadagno regolare (attraverso l'affitto) sia di apprezzamento del capitale a lungo termine.

Vantaggi: Protezione contro l'inflazione e possibilità di generare redditi passivi.

Svantaggi: Richiede un capitale iniziale elevato e può essere soggetto a fluttuazioni del mercato immobiliare.

d) Fondi di Investimento

I fondi comuni di investimento e gli ETF (Exchange-Traded Funds) permettono di investire in un portafoglio diversificato di azioni, obbligazioni o altri asset senza la necessità di gestire attivamente i singoli titoli.

Vantaggi: Diversificazione immediata e gestione professionale.

Svantaggi: Costi di gestione e la possibilità di rendimenti inferiori rispetto a un portafoglio azionario individuale, soprattutto in mercati rialzisti.

3. La Diversificazione: La Chiave per la Riduzione del Rischio

Un errore comune tra i nuovi investitori è puntare tutto su un unico investimento sperando in un grande ritorno. Questa strategia può portare a perdite ingenti in caso di fallimento. La diversificazione è una delle strategie più importanti per proteggere il proprio portafoglio dalle fluttuazioni di mercato.

Distribuire i rischi: Investire in diverse classi di asset (azioni, obbligazioni, immobili, ecc.) riduce la probabilità di subire grandi perdite.

Equilibrio tra rischio e rendimento: È possibile bilanciare il rischio investendo in attività con rendimenti potenzialmente più alti (come le azioni) insieme ad asset più sicuri (come le obbligazioni).

4. Approcci all'Investimento

Esistono due principali filosofie d'investimento che gli individui possono adottare:

a) Investimento Attivo

L'investimento attivo prevede il tentativo di "battere il

mercato", scegliendo azioni o obbligazioni che si prevede abbiano rendimenti superiori alla media.

Vantaggi: Potenziale di rendimenti superiori al mercato.

Svantaggi: Richiede tempo, competenze e spesso può risultare meno efficace rispetto a strategie passive.

b) Investimento Passivo

L'investimento passivo prevede l'acquisto di strumenti che replicano l'andamento del mercato, come gli ETF, e la loro conservazione a lungo termine.

Vantaggi: Costi di gestione bassi e storicamente rendimenti comparabili (se non superiori) alle strategie attive.

Svantaggi: Meno flessibilità e mancanza di possibilità di grandi guadagni immediati.

5. Il Ruolo delle Emozioni nell'Investimento

Uno degli aspetti meno discussi ma più cruciali dell'investimento è la gestione delle emozioni. Le decisioni prese in modo impulsivo, basate sulla paura o sull'euforia, possono spesso portare a errori.

Evita il panico: I mercati finanziari sono soggetti a cicli naturali di alti e bassi. Farsi prendere dal panico durante una flessione di mercato può portare a decisioni sbagliate, come la vendita a prezzi bassi.

Non inseguire il "momento": Anche l'euforia può portare a errori, come investire grandi somme in asset "alla moda" senza un'adeguata analisi del rischio.

6. Monitorare e Adattare il Piano

Gli investimenti non sono statici. È essenziale monitorare regolarmente il portafoglio e apportare modifiche in base ai cambiamenti del mercato o agli obiettivi personali.

Riequilibrio: Col tempo, la performance di diversi asset varierà. Un portafoglio inizialmente bilanciato potrebbe diventare troppo esposto a una classe di asset in crescita, aumentando il rischio. Il riequilibrio periodico permette di riportare il portafoglio alla sua distribuzione originaria.

Adeguamento agli obiettivi: Man mano che ci si avvicina ai propri obiettivi finanziari (come la pensione), potrebbe essere necessario ridurre l'esposizione al rischio e spostare il capitale verso investimenti più sicuri.

Conclusione del Capitolo

L'investimento è uno strumento potente per costruire ricchezza, ma richiede una conoscenza approfondita, disciplina e una strategia chiara. Combinando una buona pianificazione, la diversificazione e una gestione prudente delle emozioni, è possibile massimizzare i rendimenti e proteggersi dai rischi. Nei capitoli successivi, approfondiremo le tecniche per sviluppare ulteriormente le fonti di reddito passivo e per gestire al meglio le sfide finanziarie del futuro.

CAPITOLO 5: GESTIONE DELLE CRISI FINANZIARIE E RESILIENZA MENTALE

Ogni percorso verso la costruzione della ricchezza e del benessere è inevitabilmente segnato da momenti di crisi, che possono essere sia economici che psicologici. La gestione di queste difficoltà è cruciale per mantenere il progresso verso i propri obiettivi e, allo stesso tempo, preservare la propria salute mentale. In questo capitolo, esploreremo le strategie efficaci per affrontare le crisi finanziarie, evitando scelte impulsive e dannose, e come mantenere una resilienza mentale durante le tempeste della vita.

1. Le Crisi Finanziarie: Come Prevenirle e Affrontarle

Una crisi finanziaria personale può derivare da molteplici fattori, come la perdita di un lavoro, un investimento fallito, o un imprevisto sanitario. Indipendentemente dalla causa, esistono alcune strategie preventive e reattive che possono ridurre l'impatto di queste crisi.

a) Costruire un Fondo di Emergenza

Il fondo di emergenza è uno degli strumenti finanziari più efficaci per proteggersi dalle crisi improvvise. Idealmente, dovrebbe coprire da tre a sei mesi di spese necessarie, consentendo di affrontare imprevisti senza dover fare ricorso a prestiti o liquidare investimenti a condizioni sfavorevoli.

Importanza di un fondo liquido: Il fondo deve essere facile da accedere, mantenuto in strumenti finanziari liquidi, come un conto risparmio o un fondo del mercato monetario.

Evita di toccarlo inutilmente: Un errore comune è utilizzare il fondo di emergenza per spese non urgenti. Va riservato solo per vere emergenze.

b) Pianificazione delle Spese e Riconoscimento dei Casi di Crisi

Monitorare e pianificare accuratamente le proprie spese è fondamentale per identificare segnali di crisi finanziarie in arrivo. Ciò significa che, quando si notano segnali di difficoltà, come una diminuzione del flusso di reddito, è necessario adottare delle misure preventive per ridurre i rischi:

Riduzione delle spese superflue: In tempi di incertezza, ridurre le spese non essenziali aiuta a preservare il capitale.

Adattare lo stile di vita alle entrate: Se i flussi di reddito diminuiscono temporaneamente, è importante adattarsi immediatamente, tagliando spese non necessarie.

c) Rinegoziazione dei Debiti

Se si affrontano difficoltà di liquidità e i debiti diventano insostenibili, una delle prime mosse da considerare è la rinegoziazione con i creditori. Molte banche e istituti di credito sono disposti a ristrutturare i debiti per evitare il fallimento dell'indebitato.

Opzioni di consolidamento dei debiti: Valutare il consolidamento dei debiti con un unico prestito a interessi più bassi può semplificare la gestione e ridurre i pagamenti mensili.

Piani di rimborso modificati: In situazioni di difficoltà, i creditori potrebbero accettare piani di pagamento temporaneamente ridotti.

2. Resilienza Mentale: Come Mantenere la Calma durante le Difficoltà

Non meno importante dell'aspetto finanziario è la capacità di mantenere la serenità mentale durante una crisi. Le crisi economiche, come il fallimento di un investimento o la perdita del lavoro, possono generare una forte ansia e senso di disperazione. Per evitare che queste emozioni abbiano un impatto negativo sulle decisioni future, è essenziale adottare tecniche di gestione dello stress e rafforzamento della resilienza mentale.

a) Gestione dello Stress attraverso la Mindfulness e la Meditazione

La mindfulness, o consapevolezza, è una pratica che aiuta a

vivere nel presente, riconoscendo le proprie emozioni e pensieri senza giudicarli. In situazioni di crisi, praticare la meditazione quotidiana o la mindfulness aiuta a ridurre l'ansia e a concentrarsi su ciò che si può controllare.

Esercizi di respirazione: Semplici tecniche di respirazione possono essere molto utili per calmare la mente in momenti di forte stress, come decisioni finanziarie difficili.

Meditazione guidata: Esistono numerose app e risorse online che offrono meditazioni guidate specifiche per gestire l'ansia e le preoccupazioni finanziarie.

b) Evitare le Decisioni Affrettate

Una delle principali trappole psicologiche durante una crisi è la reazione impulsiva. Questo può tradursi in vendere asset in perdita, accettare lavori sottopagati, o prendere decisioni drastiche che potrebbero peggiorare la situazione a lungo termine. Per evitare tali errori:

Prendere tempo per riflettere: Se possibile, concedersi tempo prima di prendere decisioni importanti.

Chiedere consiglio a esperti: Parlare con un consulente finanziario o qualcuno di fiducia che possa fornire una prospettiva esterna può essere utile per non lasciarsi guidare solo dall'emozione.

c) Creare un Supporto Sociale
e Reti di Fiducia

Mantenere un solido sistema di supporto durante i momenti

difficili è essenziale per la resilienza. Parlare con amici, familiari o professionisti può aiutare a vedere la situazione da prospettive diverse e ridurre la sensazione di isolamento.

Terapia e consulenza psicologica: In caso di difficoltà prolungate o depressione, rivolgersi a un professionista della salute mentale può fare una grande differenza nella gestione della crisi.

3. Adattarsi ai Cambiamenti e Rinascere dalle Crisi

Se le crisi economiche sono inevitabili in un percorso verso il benessere finanziario, altrettanto inevitabile è la capacità di adattarsi e utilizzare queste difficoltà come opportunità di crescita. Molte persone di successo hanno sperimentato fallimenti, che però hanno portato a nuovi modi di pensare e strategie di successo.

a) Il Concetto di Anti-fragilità

L'anti-fragilità è un concetto che va oltre la resilienza: non significa solo resistere agli urti, ma trarre beneficio da essi. In pratica, l'anti-fragilità significa che si può emergere da una crisi più forti e più preparati per il futuro.

Imparare dalle crisi: Anziché vedere una crisi come una fine, è utile analizzare ciò che si è imparato e come si può applicare quella conoscenza in futuro.

Sperimentare nuove opportunità: La crisi può costringere a esplorare nuove opportunità che altrimenti non sarebbero state considerate, come cambiare carriera o avviare un'attività indipendente.

b) Riprogrammare la Propria Mentalità: L'Importanza della Mentalità di Crescita

Invece di cadere in uno stato di pensiero fisso e di fallimento, è importante adottare una mentalità di crescita, che vede le crisi come opportunità di apprendimento e miglioramento. Questo approccio psicologico incoraggia una maggiore elasticità mentale e una più rapida ripresa dagli ostacoli.

Conclusione del Capitolo

La gestione delle crisi, sia economiche che psicologiche, è una parte integrante della costruzione della ricchezza e del benessere mentale. Prepararsi adeguatamente alle emergenze finanziarie, affrontare con lucidità i momenti di difficoltà e sviluppare una mentalità resiliente sono tutti fattori che possono non solo proteggere il proprio capitale, ma anche rafforzare la propria capacità di superare le avversità. Nei prossimi capitoli, esploreremo ulteriori strategie di benessere mentale ed economico per creare un percorso di successo a lungo termine.

CAPITOLO 6: COLTIVARE LA RICCHEZZA INTERIORE

Nel percorso verso il benessere finanziario, spesso si sottovaluta l'importanza della ricchezza interiore. Questo tipo di ricchezza si riferisce alla qualità della vita, alla pace interiore, alla crescita personale e al soddisfacimento dei valori più profondi. Se non curata, la dimensione spirituale e mentale può compromettere la capacità di godere appieno del successo economico, lasciando le persone insoddisfatte nonostante i risultati finanziari.

1. Definire la Ricchezza Interiore

La ricchezza interiore non è qualcosa di misurabile in termini economici. Si riferisce piuttosto a sentimenti di pienezza, soddisfazione e significato nella vita. Per molti, la ricchezza interiore può derivare da relazioni affettive solide, dalla gratitudine, dall'equilibrio tra vita lavorativa e personale, e dalla connessione con uno scopo più elevato.

a) L'importanza della Gratitudine

La gratitudine è uno degli elementi chiave che alimentano

la ricchezza interiore. Riconoscere e apprezzare ciò che si ha, indipendentemente dalle circostanze esterne, permette di vivere con uno spirito più positivo e resiliente.

Abitudini quotidiane di gratitudine: Prendere del tempo ogni giorno per riflettere su ciò di cui siamo grati può migliorare il nostro stato d'animo e il benessere psicologico.

Concentrarsi sul presente: Vivere nel presente, senza rimpianti per il passato o preoccupazioni eccessive per il futuro, aiuta a godere di ciò che si ha qui e ora.

b) La Ricerca di un Equilibrio tra Vita e Lavoro

La ricchezza interiore si costruisce anche attraverso un equilibrio sano tra il successo professionale e il tempo per se stessi e i propri cari. Molti sacrificano la loro salute e le relazioni personali per raggiungere il successo finanziario, solo per rendersi conto, una volta arrivati al traguardo, di essere rimasti emotivamente impoveriti.

Imparare a dire no: Saper gestire il proprio tempo, stabilendo confini chiari tra lavoro e vita privata, è cruciale per mantenere il benessere.

Tempo per la riflessione e la crescita personale: Dedicare momenti alla riflessione su ciò che conta davvero e allo sviluppo di sé, come la lettura, la meditazione o lo studio, è una componente fondamentale per il benessere interiore.

2. Connessione con i Valori e lo Scopo della Vita

Trovare un senso di scopo nella vita è un altro elemento centrale per la costruzione della ricchezza interiore. La ricerca del significato può coinvolgere obiettivi personali e professionali che siano allineati con i propri valori profondi, creando una vita in cui successo e felicità sono intimamente connessi.

a) Identificare i Propri Valori

I valori personali sono le convinzioni profonde che guidano il nostro comportamento e le nostre decisioni. Quando una persona vive in allineamento con i propri valori, trova più facilmente un senso di realizzazione e soddisfazione.

Esercizio di introspezione: Prendere del tempo per riflettere su ciò che è veramente importante nella propria vita. Si può pensare ai momenti in cui ci si è sentiti più realizzati o in pace, e considerare cosa stava accadendo in quel momento.

Vivere coerentemente con i valori: Una volta identificati, è importante prendere decisioni che riflettano i propri valori, sia nella sfera personale che in quella lavorativa.

b) Coltivare uno Scopo Più Grande

Trovare uno scopo nella vita spesso implica sentirsi parte di qualcosa di più grande di sé. Questo può essere il contributo a una causa, la dedizione alla famiglia o il desiderio di lasciare un segno positivo nel mondo.

Lavoro significativo: Trovare un modo per allineare il lavoro con i propri valori può trasformare la routine quotidiana in un'opportunità per esprimere il proprio scopo.

Contribuire alla comunità: Spesso, uno dei modi più efficaci per trovare significato è dare agli altri. Il volontariato, l'insegnamento, o il mentoring possono alimentare il senso di realizzazione personale.

3. Crescita e Sviluppo Personale Continuo

La crescita personale è un processo continuo che non si ferma mai. Mentre la ricchezza esteriore può essere misurata e raggiunta con determinati traguardi, la crescita interiore è un viaggio senza fine, fatto di scoperte e miglioramenti costanti.

a) L'importanza dell'Educazione Continua

Continuare a imparare, crescere e svilupparsi, sia intellettualmente che emotivamente, è un modo per espandere la propria ricchezza interiore. Non si tratta solo di accumulare nuove conoscenze, ma di sfidare se stessi a migliorare costantemente.

Lettura e formazione continua: Leggere libri di autori ispiranti, partecipare a corsi di sviluppo personale o seminari può essere uno strumento potente per allargare la propria prospettiva e arricchire la propria mente.

Auto-riflessione: Fare regolarmente un'auto-analisi può aiutare a identificare le aree della vita dove si desidera crescere ulteriormente.

b) Superare i Limiti e Uscire dalla Zona di Comfort

La vera crescita avviene quando si è disposti a superare i propri limiti e sfidare le proprie paure. Spesso, il timore del fallimento o del giudizio altrui ci impedisce di evolvere. Tuttavia, è proprio affrontando queste sfide che si può scoprire la propria forza interiore.

Accogliere il fallimento: Vedere il fallimento come un'opportunità di apprendimento piuttosto che come una sconfitta è fondamentale per continuare a progredire.

Prendere rischi calcolati: Uscire dalla propria zona di comfort richiede coraggio, ma può portare a esperienze e opportunità che non sarebbero state possibili altrimenti.

Conclusione del Capitolo

La ricchezza interiore non deve essere trascurata nel percorso verso il benessere finanziario e personale. In un mondo che spesso celebra solo il successo materiale, coltivare una vita ricca di significato, gratitudine e crescita personale è il vero segreto per una vita pienamente realizzata. Mantenere l'equilibrio tra questi aspetti e dedicare tempo alla cura del proprio benessere spirituale e mentale rappresenta un passo cruciale per raggiungere una ricchezza duratura.

CAPITOLO 7: IL POTERE DELLE RELAZIONI E LA RETE DI SOSTEGNO

Nel processo di costruzione della ricchezza, una delle risorse più preziose è costituita dalle relazioni. Sia nel contesto economico che personale, creare e mantenere una rete di contatti e relazioni significative può facilitare il raggiungimento degli obiettivi e garantire una maggiore stabilità, non solo finanziaria, ma anche emotiva e psicologica. Questo capitolo si concentra sull'importanza delle relazioni e delle reti di sostegno nel mantenimento di un equilibrio tra benessere materiale e mentale.

1. Le Relazioni Come Strumento di Crescita

Le relazioni personali e professionali possono essere una leva fondamentale per il successo, non solo in termini di supporto, ma anche per le opportunità che possono emergere da esse. Le persone che mantengono una rete solida di contatti e relazioni godono di vantaggi in vari ambiti:

a) Creare e Mantenere una Rete di Sostegno

La rete di sostegno può includere mentori, colleghi, amici, familiari e chiunque possa offrire consigli, guida e incoraggiamento. Investire in tali relazioni consente di:

Accedere a opportunità di crescita: Le relazioni giuste possono aprire nuove porte, sia nel mondo del lavoro che nella vita personale.

Imparare da chi ha più esperienza: Costruire rapporti con persone che hanno percorso il cammino verso il successo può offrire preziose lezioni e spunti.

b) L'importanza del Networking Attivo

Il networking non riguarda solo l'accumulo di contatti, ma la creazione di rapporti autentici e reciproci. In un'epoca in cui i legami professionali sono spesso basati su interazioni digitali, distinguersi per autenticità e valore aggiunto nelle relazioni è essenziale.

Costruire fiducia reciproca: Essere affidabili e contribuire al successo altrui è fondamentale per costruire rapporti solidi e duraturi.

Networking con scopo: Partecipare a eventi di networking, conferenze o incontri di settore può essere un modo efficace per espandere la rete di contatti, ma bisogna sempre avere un approccio genuino.

2. Il Sostegno Emotivo e la Gestione delle Relazioni

Oltre al vantaggio economico o professionale, le relazioni sono essenziali per garantire stabilità emotiva e per affrontare i momenti difficili, sia a livello personale che lavorativo. Le persone che possono contare su reti solide di sostegno emotivo sono più resilienti di fronte alle sfide.

a) Relazioni Familiari e Personali

Le relazioni personali, come quelle con amici e familiari, offrono uno spazio sicuro in cui le persone possono condividere paure, ansie e difficoltà. Tali relazioni forniscono un sostegno emotivo che può contribuire notevolmente al benessere psicologico.

Comunicazione aperta: Coltivare una comunicazione aperta e onesta con le persone care aiuta a mantenere una connessione emotiva forte e a evitare incomprensioni o risentimenti.

Supporto reciproco: Essere presenti per gli altri, e sapere di poter contare su di loro nei momenti di difficoltà, crea un senso di sicurezza e appartenenza.

b) Relazioni Professionali e il Supporto sul Lavoro

Le relazioni nel contesto professionale sono altrettanto importanti per il benessere mentale. Avere un buon rapporto con colleghi, superiori o collaboratori può ridurre lo stress lavorativo e migliorare l'ambiente di lavoro.

Lavorare in team: Un ambiente di lavoro collaborativo favorisce la crescita individuale e collettiva. Costruire un team affiatato può contribuire ad affrontare meglio le sfide e raggiungere obiettivi comuni.

Supporto nei momenti critici: Sapere di avere colleghi o collaboratori che possono offrire sostegno in situazioni critiche riduce il senso di isolamento che può insorgere nei momenti di difficoltà.

3. Creare un Sistema di Sostegno Multiplo

Uno degli aspetti cruciali nella costruzione di una rete di supporto efficace è avere un sistema diversificato che offra vari tipi di sostegno. Un sistema di supporto ben strutturato dovrebbe includere:

a) Mentori e Coach

Un mentore è qualcuno che ha già percorso la strada che desideri intraprendere. Un mentore può offrire guida e saggezza, aiutandoti a evitare errori e a mantenerti concentrato sui tuoi obiettivi.

Scelta del mentore giusto: Trovare qualcuno che condivida i tuoi valori e che sia disposto a dedicare tempo alla tua crescita è essenziale.

Coach professionali: In aggiunta ai mentori, un coach può aiutarti a sviluppare competenze specifiche e a elaborare strategie per superare le difficoltà.

b) Gruppi di Supporto e Comunità

Partecipare a gruppi di supporto o comunità di interesse comune può fornire ispirazione, oltre a una rete di persone che condividono le stesse sfide e obiettivi.

Comunità di settore: Avere accesso a una rete di professionisti nel tuo campo può arricchire le tue conoscenze e offrirti opportunità di collaborazione.

Gruppi di crescita personale: Unirsi a gruppi focalizzati sulla crescita personale o sul benessere mentale può essere di grande aiuto nel mantenere un equilibrio psicologico e nel motivarsi reciprocamente.

4. Evitare le Relazioni Tossiche

Non tutte le relazioni sono benefiche. Alcuni rapporti possono essere tossici e sottrarre energia, fiducia e motivazione. Riconoscere e allontanarsi da queste relazioni è essenziale per il proprio benessere.

a) Riconoscere i Segnali di
Relazioni Tossiche

Le relazioni tossiche spesso si manifestano attraverso il controllo, la manipolazione o un eccessivo pessimismo. Questi rapporti possono erodere la fiducia in se stessi e compromettere il proprio benessere mentale.

Mancanza di reciprocità: Se una relazione è costantemente

sbilanciata, dove uno dei due partner dà sempre di più, è un segnale che potrebbe essere tossica.

Negatività costante: Se una persona nella tua vita sembra sempre focalizzata sugli aspetti negativi e minimizza o sminuisce i tuoi successi, potrebbe essere il momento di rivalutare quel rapporto.

b) Stabilire Confini Sani

Imparare a stabilire confini è essenziale per proteggere la propria salute mentale. Quando si è consapevoli dei propri limiti e si comunicano con chiarezza, si evita di essere sopraffatti dalle richieste o dalle aspettative altrui.

Conclusione del Capitolo

Le relazioni e il networking sono fondamentali per costruire non solo una ricchezza economica, ma anche una stabilità emotiva e mentale. Mantenere e coltivare una rete solida di contatti significativi aiuta a creare un supporto continuo in ogni aspetto della vita, aumentando le possibilità di successo in modo duraturo e bilanciato. Con relazioni sane e un sistema di supporto efficace, si può affrontare con maggiore serenità il cammino verso la ricchezza materiale e interiore.

CAPITOLO 8: LA PIANIFICAZIONE E LA GESTIONE DEL TEMPO E DELLE RISORSE

Uno degli aspetti chiave per raggiungere la ricchezza e il benessere mentale è imparare a gestire il tempo e le risorse in modo strategico. In un mondo frenetico, il tempo è una delle risorse più preziose e, come tale, deve essere trattato con attenzione e rispetto. In questo capitolo, analizzeremo le strategie pratiche per pianificare le attività quotidiane, prendere decisioni informate e allocare le risorse in modo efficace.

1. La Valutazione del Tempo Come Risorsa

Il primo passo per una corretta gestione del tempo è riconoscere che, al pari delle risorse finanziarie, anche il tempo è limitato e va trattato come una risorsa preziosa. Chi riesce a ottimizzare il proprio tempo ha maggiori possibilità di successo e soddisfazione nella vita. Questo concetto si riflette in varie strategie:

a) Prioritizzare le Attività

Non tutte le attività quotidiane hanno lo stesso peso. Capire cosa è veramente importante e dare priorità a queste attività è essenziale per massimizzare il proprio impatto.

Tecnica del blocco del tempo: Dividi la giornata in blocchi di tempo dedicati a specifiche attività, assicurandoti di completare prima le priorità.

La matrice di Eisenhower: Classifica le attività in base all'urgenza e all'importanza per determinare quali devono essere affrontate per prime e quali possono essere posticipate o delegate.

b) L'importanza della Disciplina e della Routine

Sviluppare una routine strutturata aiuta a mantenere la costanza e a evitare la procrastinazione. La disciplina nel seguire abitudini ben stabilite è una caratteristica comune delle persone di successo.

Routine mattutina: Molte persone di successo iniziano la giornata con una routine mattutina che include attività come esercizio fisico, meditazione e pianificazione.

Ritmi di lavoro regolari: Stabilire orari fissi per attività lavorative e di svago aiuta a evitare il burnout e a mantenere un equilibrio sano tra vita personale e professionale.

2. Allocazione delle Risorse Finanziarie

La gestione oculata delle risorse finanziarie è cruciale per costruire e mantenere la ricchezza nel tempo. Avere una chiara comprensione delle entrate e delle uscite permette di prendere decisioni migliori e di prepararsi per il futuro.

a) Creare un Budget

Un budget è la base per una buona gestione finanziaria. Aiuta a identificare le spese superflue e a destinare le risorse verso obiettivi chiari.

Suddivisione delle spese: Classifica le spese in categorie come bisogni essenziali, risparmi e investimenti. Questo permette di avere un controllo dettagliato su dove vengono destinate le risorse.

Controllo delle spese impulsive: Implementa metodi per monitorare e ridurre le spese impulsive, come il sistema delle 24 ore, che prevede di aspettare un giorno prima di fare acquisti non pianificati.

b) Investire in Maniera Intelligente

La costruzione della ricchezza non si basa solo sul risparmio, ma anche su un utilizzo intelligente del denaro attraverso investimenti.

Diversificazione degli investimenti: Non mettere tutte le risorse in un unico settore o investimento, ma diversifica per ridurre il rischio.

Investire in formazione: Uno dei migliori investimenti è l'acquisizione di nuove competenze e conoscenze che possono aumentare il valore personale nel mercato del lavoro.

3. Bilanciare Tempo e Denaro

Uno dei dilemmi più comuni nella vita moderna è come bilanciare tempo e denaro. Molti sacrificano tempo prezioso per guadagnare più denaro, mentre altri preferiscono lavorare meno, ma con minori risorse economiche. Trovare il giusto equilibrio tra questi due fattori è fondamentale per il benessere a lungo termine.

a) Il Valore del Tempo Libero

Il tempo libero è fondamentale per il benessere mentale e per mantenere un equilibrio psicofisico. Non si può sottovalutare l'importanza di dedicare tempo a se stessi, alle proprie passioni e alle relazioni personali.

Tempo di qualità: Non si tratta solo di avere più tempo libero, ma di utilizzarlo in maniera che favorisca il benessere emotivo e fisico. Le attività ricreative e i momenti con le persone care sono parte integrante del successo e della felicità.

Il pericolo del workaholism: Lavorare senza sosta può portare a esaurimento e diminuire la produttività. È importante prendere pause regolari per ricaricare le energie.

b) Delegare e Ottimizzare le Risorse

Imparare a delegare è un'abilità cruciale per ottimizzare il tempo e massimizzare la produttività. Delegare compiti a chi è più competente o ha più tempo permette di concentrarsi su ciò che conta davvero.

Uso di tecnologie: Automazione e strumenti digitali possono

ridurre il carico di lavoro e ottimizzare i processi.

Assunzione di personale o collaboratori: Quando il carico di lavoro diventa eccessivo, investire in collaboratori o assistenti può liberare tempo prezioso per attività più strategiche.

4. L'importanza della Flessibilità e dell'Adattamento

Nella gestione del tempo e delle risorse, la flessibilità è una componente essenziale. Le circostanze possono cambiare, e adattarsi rapidamente a nuove sfide e opportunità è una qualità che distingue i più resilienti.

a) L'approccio alla Resilienza

Essere resilienti significa avere la capacità di affrontare e superare gli ostacoli mantenendo un atteggiamento positivo. Questo è particolarmente importante nella gestione delle risorse, dove l'imprevisto è sempre dietro l'angolo.

Pianificazione per l'imprevisto: Tenere un fondo di emergenza o riserve di tempo non programmato può aiutare a far fronte agli imprevisti senza compromettere il benessere.

Mentalità flessibile: Accettare il cambiamento come parte della vita permette di adattarsi senza perdere slancio o motivazione.

b) Adattare il Piano ai Cambiamenti

Anche il miglior piano di gestione del tempo e delle risorse può necessitare di adattamenti. Mantenere un approccio flessibile e rivalutare periodicamente i propri piani e obiettivi è essenziale per rimanere efficienti e focalizzati.

Conclusione del Capitolo

La gestione del tempo e delle risorse è uno degli aspetti più complessi e importanti del cammino verso la ricchezza e il benessere mentale. Attraverso una pianificazione strategica, un uso saggio delle risorse e un approccio flessibile, è possibile ottenere risultati duraturi senza compromettere l'equilibrio psicofisico.

Nel prossimo capitolo, esploreremo come mantenere la motivazione e affrontare le sfide emotive ed economiche lungo il cammino verso il successo.

CAPITOLO 9: GESTIRE LE AVVERSITÀ E MANTENERE LA RESILIENZA

Ogni percorso verso il successo, la ricchezza e il benessere mentale è inevitabilmente caratterizzato da sfide e ostacoli. In questo capitolo, approfondiremo l'importanza della resilienza e le tecniche per affrontare le avversità che possono sorgere, sia dal punto di vista economico che psicologico. La capacità di gestire le difficoltà con perseveranza e lucidità è cruciale per costruire una vita equilibrata e soddisfacente.

1. La Natura delle Avversità

Le avversità possono assumere diverse forme e colpire vari aspetti della vita. Riconoscerle per tempo è il primo passo per sviluppare una strategia efficace di risposta.

a) Crisi Finanziarie

Le crisi finanziarie, come la perdita di un lavoro, investimenti falliti o problemi di liquidità, possono essere devastanti per il benessere mentale e materiale.

Prevenzione e preparazione: Avere un fondo d'emergenza e investire in diversi settori riduce il rischio di essere gravemente colpiti da una crisi finanziaria.

Reazione rapida: Quando si verificano crisi economiche, è fondamentale reagire velocemente, rivedendo il budget, eliminando le spese superflue e cercando nuove fonti di reddito.

b) Sfide Psicologiche e Emotive

Le avversità non sono solo finanziarie, ma spesso coinvolgono anche la salute mentale ed emotiva. Stress, ansia, depressione e burnout possono derivare da aspettative eccessive o da un sovraccarico di responsabilità.

Gestione dello stress: Implementare tecniche di rilassamento come la meditazione, lo yoga o l'esercizio fisico regolare può aiutare a prevenire il burnout.

Supporto emotivo: Costruire una rete di persone fidate, come amici, familiari o professionisti della salute mentale, è essenziale per affrontare le sfide psicologiche.

2. La Mentalità Resiliente

La resilienza è la capacità di rimanere focalizzati sugli obiettivi nonostante le difficoltà. Le persone resilienti tendono a vedere le avversità come opportunità di crescita piuttosto che come fallimenti.

a) Abbracciare il Cambiamento

Il cambiamento è una parte inevitabile della vita. Le persone resilienti accettano il cambiamento come un aspetto normale dell'esistenza e si adattano rapidamente alle nuove circostanze.

Flessibilità mentale: Essere mentalmente flessibili e aperti al cambiamento permette di adattarsi meglio alle nuove situazioni, sia personali che lavorative.

Pianificazione adattativa: Rivedere regolarmente i propri piani e obiettivi in base alle nuove circostanze aiuta a evitare blocchi e frustrazioni.

b) Gestire le Emozioni

Rimanere lucidi e calmi in momenti di crisi è una delle caratteristiche principali delle persone resilienti. Questo richiede la capacità di gestire le emozioni negative, come la paura o la rabbia, e di evitare che prendano il sopravvento.

Tecniche di respirazione e mindfulness: Praticare il controllo della respirazione e la consapevolezza di sé aiuta a ridurre l'ansia e a mantenere la calma sotto pressione.

Distacco emotivo temporaneo: In situazioni di alta tensione, prendere una pausa emotiva e riflettere con distacco può aiutare a prendere decisioni più razionali.

3. Strategie per Superare le Crisi

Per affrontare le crisi in modo efficace, è utile sviluppare strategie concrete e pratiche che possono essere applicate in varie situazioni.

a) Affrontare i Problemi un Passo alla Volta

Un errore comune durante una crisi è cercare di risolvere tutto contemporaneamente. Questo approccio può facilmente portare al sovraccarico mentale.

Scomporre il problema: Suddividere le sfide in problemi più piccoli e affrontarli uno alla volta è una strategia efficace per gestire l'ansia e ottenere risultati concreti.

Definire le priorità: Concentrarsi prima sulle questioni più urgenti e critiche aiuta a ridurre l'impatto negativo della crisi.

b) Cercare Opportunità nel Fallimento

Ogni crisi può offrire delle lezioni e opportunità di crescita. Molte persone che hanno avuto successo hanno prima affrontato fallimenti importanti, ma li hanno utilizzati come trampolini di lancio per nuove idee o approcci.

Approccio proattivo al fallimento: Invece di vedere il fallimento come un punto d'arrivo, consideralo una parte del processo di apprendimento.

Innovazione e cambiamento: Molte aziende e persone di successo hanno utilizzato i momenti di crisi per innovare e cambiare le loro strategie, riuscendo così a emergere più forti.

4. Coltivare la Serenità Interiore

Affrontare le avversità non significa solo trovare soluzioni pratiche, ma anche coltivare un senso di serenità interiore che permetta di non essere travolti dai problemi.

a) Praticare la Gratitudine

La gratitudine è un potente strumento per mantenere una prospettiva positiva anche nei momenti più difficili. Riconoscere e apprezzare le piccole cose positive nella vita aiuta a mantenere il morale alto e a ridurre lo stress.

Diario della gratitudine: Tenere un diario in cui si annotano ogni giorno le cose per cui si è grati aiuta a mantenere il focus sugli aspetti positivi della vita.

Focalizzarsi sul presente: Evitare di rimuginare sul passato o di preoccuparsi eccessivamente del futuro aiuta a vivere con più serenità.

b) Trovare Equilibrio tra Successo e Benessere

Il successo finanziario non dovrebbe mai avvenire a discapito del benessere mentale. È fondamentale mantenere un equilibrio tra la carriera, la vita privata e la propria salute fisica e mentale.

Imparare a dire di no: Avere dei limiti chiari e saper rifiutare impegni che portano al sovraccarico di responsabilità aiuta a mantenere l'equilibrio tra lavoro e vita privata.

Autocura e pause regolari: Prendersi del tempo per ricaricarsi attraverso attività rilassanti o creative è una parte essenziale del mantenimento del benessere.

5. Il Ruolo del Supporto Sociale

Infine, non si può sottovalutare l'importanza di avere una rete di supporto durante le avversità. Che si tratti di amici, familiari o mentori, il sostegno degli altri è spesso fondamentale per superare i momenti difficili.

a) Costruire una Rete di Supporto

La costruzione di una rete di supporto solida richiede investimenti emotivi e sociali nel tempo. Circondarsi di persone fidate e positive aumenta le probabilità di successo a lungo termine.

b) Dare e Ricevere Supporto

Il supporto sociale non deve essere unidirezionale. Dare agli altri e ricevere supporto a propria volta crea una rete di fiducia e reciprocità che può sostenere anche nei momenti di crisi.

Conclusione del Capitolo

Affrontare le avversità è una parte inevitabile del cammino verso il successo economico e il benessere mentale. Con una mentalità resiliente, una buona gestione delle emozioni e strategie pratiche, è possibile superare le crisi e trasformarle in opportunità di crescita.

CAPITOLO 10: L'IMPORTANZA DELLA CONTINUITÀ E DELLA CRESCITA PERSONALE

In questo ultimo capitolo, ci concentriamo sull'importanza di mantenere una crescita personale e professionale continua, essenziale per costruire una vita di successo e benessere duraturo. Il percorso verso la ricchezza e la serenità mentale non si ferma mai: è un processo in continua evoluzione, in cui ogni traguardo raggiunto diventa il punto di partenza per nuovi obiettivi.

1. L'Apprendimento Continuo: Il Fondamento della Crescita

Uno degli elementi chiave per il successo a lungo termine è l'apprendimento continuo. In un mondo in rapida evoluzione, mantenersi aggiornati e aperti a nuove conoscenze è essenziale.

a) Coltivare la Curiosità

La curiosità è la forza motrice che alimenta l'apprendimento continuo. Non si tratta solo di acquisire nuove informazioni, ma di sviluppare una mentalità aperta al cambiamento e alle innovazioni.

Leggere e formarsi costantemente: La lettura di libri, articoli e il seguire corsi di formazione professionale sono fondamentali per rimanere competitivi e arricchire la propria mente.

Ascoltare ed essere umili: La capacità di ascoltare nuove prospettive e accettare che non si sa tutto è una delle qualità che distingue chi ha successo da chi rimane stagnante.

b) La Formazione Continua come Investimento

Investire tempo e risorse nell'apprendimento non è solo una scelta saggia, ma un vero e proprio investimento sul futuro. Le competenze che si acquisiscono oggi possono rivelarsi cruciali per affrontare le sfide future.

Apprendere nuove competenze: Le economie globali stanno cambiando rapidamente e con esse le richieste di competenze. L'acquisizione di nuove capacità, soprattutto nel campo della tecnologia e dell'innovazione, può garantire stabilità e successo.

Adattarsi ai cambiamenti del mercato: Studiare i trend economici e tecnologici consente di prendere decisioni strategiche per adattarsi e prosperare anche in tempi di crisi.

2. La Crescita Personale e l'Equilibrio Mentale

Non basta solo crescere economicamente; il benessere personale e mentale è un pilastro altrettanto importante. Trovare l'equilibrio tra successo professionale e realizzazione personale è fondamentale per una vita appagante.

a) Definire il Proprio Significato di Successo

Il successo non è un concetto universale: ognuno deve identificare cosa significhi per sé. È importante stabilire obiettivi personali che vadano oltre l'aspetto economico, includendo la salute, le relazioni e il benessere mentale.

Riflessione e introspezione: Periodi regolari di riflessione personale aiutano a chiarire quali sono le vere priorità nella vita. Si potrebbe scoprire che il denaro non è il principale fattore motivante, ma piuttosto la libertà o il tempo da dedicare alla famiglia.

Definire nuovi traguardi: Una volta raggiunti gli obiettivi finanziari, è importante stabilire nuovi traguardi, come la crescita personale, il contributo sociale o lo sviluppo di passioni personali.

b) Praticare l'Autodisciplina e l'Autocura

Autodisciplina e autocura sono due facce della stessa medaglia: mantenere il focus sui propri obiettivi senza dimenticare la necessità di prendersi cura di sé è fondamentale per una vita equilibrata.

Pianificazione quotidiana e routine: Stabilire una routine regolare che comprenda momenti di produttività alternati a pause rigenerative, come l'attività fisica o la meditazione, aiuta a mantenere l'equilibrio tra lavoro e benessere.

Evitare il burnout: Il raggiungimento del successo non dovrebbe mai avvenire a discapito della propria salute mentale o fisica. Riconoscere i segnali di stress e sovraccarico è fondamentale per evitare il burnout.

3. Coltivare Relazioni di Qualità

Il successo a lungo termine non è solo una questione di autonomia personale, ma spesso dipende anche dalla qualità delle relazioni che si costruiscono lungo il percorso.

a) Il Potere della Collaborazione

Nessuno raggiunge il successo da solo. Collaborare con altre persone, condividere idee e progetti può aprire porte inaspettate e accelerare il proprio percorso di crescita.

Network e mentoring: Costruire un network di relazioni professionali e trovare mentori esperti che possano offrire consigli pratici è essenziale per il successo in qualsiasi settore.

Collaborare con integrità: L'onestà e la trasparenza nelle relazioni professionali sono cruciali per costruire fiducia e durature collaborazioni.

b) Investire nelle Relazioni Personali

Le relazioni personali, come quelle con la famiglia e gli amici, sono altrettanto importanti per il benessere complessivo. Bilanciare le esigenze professionali con il tempo dedicato alle relazioni è essenziale per mantenere l'armonia nella propria vita.

Tempo di qualità con le persone care: Il successo economico perde di significato se si trascura la propria vita personale. Investire nel tempo di qualità con i propri cari contribuisce a un senso di appagamento e felicità a lungo termine.

Supporto reciproco: Creare una rete di relazioni in cui ci sia supporto reciproco, non solo professionale ma anche emotivo, è vitale per superare le sfide e godersi i successi.

4. Mantenere una Visione a Lungo Termine

Infine, per garantire una crescita costante, è fondamentale mantenere una visione chiara e a lungo termine. Questo significa saper guardare oltre i successi immediati e prepararsi per un futuro che continua ad evolversi.

a) Adattabilità e Visione

Le persone di successo non solo si concentrano sugli obiettivi attuali, ma anticipano le tendenze e si preparano per le sfide future.

Rivedere periodicamente gli obiettivi: Fare una revisione regolare dei propri progressi e obiettivi, aggiornandoli e modificandoli in base ai cambiamenti interni ed esterni, è un passo cruciale per evitare la stagnazione.

Innovazione costante: Non adagiarsi mai sui traguardi raggiunti, ma cercare sempre nuove opportunità e modi per migliorare, rimanendo aggiornati sulle innovazioni del proprio settore.

b) Creare un Eredità

Il vero successo non riguarda solo ciò che si ottiene per sé, ma anche ciò che si lascia agli altri. Creare un'eredità che possa influenzare positivamente la vita di altri è uno degli obiettivi finali del successo.

Mentoring e contributo sociale: Restituire qualcosa alla comunità, attraverso il mentoring o contributi filantropici, dà un senso di scopo e appagamento, andando oltre il semplice successo personale.

Impatto durevole: Pensare a lungo termine e investire nelle generazioni future aiuta a garantire che il proprio successo e il proprio impatto continuino anche dopo di noi.

Conclusione del Capitolo

Il viaggio verso la ricchezza e il benessere mentale non si ferma mai. Ogni fase della vita offre nuove sfide e opportunità, ma con una mentalità aperta all'apprendimento continuo, un equilibrio tra vita personale e professionale e un forte network di supporto, è possibile mantenere un successo duraturo. Il segreto per una vita prospera risiede nella capacità di adattarsi, crescere e contribuire agli altri, creando una vita ricca non solo di beni materiali, ma anche di significato e connessioni autentiche.

Conclusioni

Il viaggio verso la ricchezza e il benessere mentale è un percorso che richiede impegno, determinazione e una costante volontà di crescita. Attraverso i vari capitoli di questo libro, abbiamo esplorato diversi aspetti fondamentali per costruire una vita di successo e soddisfazione. Questi aspetti includono:

L'importanza dell'educazione e dell'apprendimento continuo: Non si può sottolineare abbastanza quanto sia cruciale investire nella propria formazione. L'educazione non termina mai, e ogni nuova competenza appresa è un mattoncino in più nella costruzione della propria prosperità.

La mentalità e l'atteggiamento: Il modo in cui percepiamo le sfide e gli ostacoli determina il nostro successo. Una mentalità positiva e orientata alla crescita ci consente di affrontare le difficoltà con determinazione, trasformando gli insuccessi in opportunità di apprendimento.

L'equilibrio tra vita professionale e personale: La ricchezza economica non è sufficiente se non è accompagnata da una vita personale appagante. Creare momenti di qualità con le persone che amiamo, praticare l'autocura e mantenere relazioni significative sono essenziali per il benessere complessivo.

La resilienza e la capacità di adattamento: In un mondo in continua evoluzione, la resilienza è una competenza fondamentale. Essere capaci di adattarsi ai cambiamenti e alle nuove circostanze ci permette di rimanere competitivi e di superare le sfide con successo.

Il potere delle relazioni: Le connessioni che costruiamo sono vitali. Collaborare con altre persone e costruire una rete di supporto non solo arricchisce la nostra vita personale, ma amplifica anche le nostre possibilità di successo professionale.

L'eredità e il contributo alla comunità: Infine, il vero successo va oltre il guadagno personale. Creare un'eredità positiva, restituendo alla comunità e aiutando gli altri a prosperare, arricchisce la nostra vita e quella di chi ci circonda.

Riflessioni Finali

Raggiungere la ricchezza e il benessere mentale è un viaggio personale e unico per ciascuno di noi. Non esiste una formula magica o un percorso lineare, ma l'impegno nel lavorare su se stessi e nel costruire un futuro desiderato è ciò che fa la differenza.

Incoraggio i lettori a riflettere sulle loro aspirazioni e a mettere in pratica i principi e le strategie delineati in questo libro. Ogni passo verso la crescita e il miglioramento personale è un passo verso una vita di maggiore soddisfazione, equilibrio e successo.

Invito all'Azione

Adesso è il tuo turno. Comincia oggi stesso a implementare questi principi nella tua vita. Non aspettare che il momento sia perfetto; inizia ora. Ogni piccolo passo che compi ti avvicina ai tuoi obiettivi. E ricorda, la vera ricchezza è quella che condividi con gli altri.

Grazie per aver intrapreso questo viaggio con noi!